자작나무 숲에 들다

시산맥 감성기획시선 028

자작나무 숲에 들다
시산맥 감성기획시선 028

초판 1쇄 발행 | 2019년 7월 26일

지 은 이 | 조양상
펴 낸 이 | 문정영
펴 낸 곳 | 시산맥사
편집주간 | 이성렬
편집위원 | 강경희 안차애 오현정 정재분
등록번호 | 제300-2013-12호
등록일자 | 2009년 4월 15일
주　　소 | 03131 서울특별시 종로구 율곡로 6길 36,
　　　　　월드오피스텔 1102호
전　　화 | 02-764-8722, 010-8894-8722
전자우편 | poemmtss@hanmail.net
시산맥카페 | http://cafe.daum.net/poemmtss

ISBN 979-11-6243-071-2 03810

값 9,000원

* 이 책은 전부 또는 일부 내용을 재사용하려면 반드시 저작권자와 시산 맥사의 동의를 받아야 합니다.
* 이 도서의 국립중앙도서관 출판시도서목록(CIP)은 서지정보유통지원시스템 홈페이지(http://seoji.nl.go.kr)와 국가자료공동목록시스템(http://www.nl.go.kr/kolisnet)에서 이용하실 수 있습니다. (CIP제어번호 : CIP2019028043)

* 이 시집은 교보문고와 연계하여 전자책으로도 발간되었습니다.
* 이 도서는 카카오톡 선물하기 〈독서의 계절〉에서도 구입할 수 있습니다.

자작나무 숲에 들다

조양상 시집

* 본문 페이지에서 한 연이 첫 번째 행에서 시작될 때에는 〈 표기를 합니다.

■ 시인의 말

언제부턴가 자작나무가 좋아졌습니다.

새하얀 껍질에 거뭇거뭇한 표피가 보내지 못한 빛바랜 편지를 매달고 서 있는 나무 같습니다. 가난한 이들의 헤진 적삼이나 탁발승의 승복 같기도 하지만 그 보푸래기 속에 감춰진 단단한 목질은 무늬가 곱고 쉽게 변형되지 않아 고급 가구나 조각품을 만드는 목재로 쓰이는 나무입니다.

삭풍 몰아치는 한대지방에서 자라는 나무라 얇은 껍질 층에 지방분이 많고 숭숭난 구멍에 공기를 담아 땔감이나 장작이 되어 탈 때 자작자작 거리는 소리를 내어 줍니다. 빈 수수깡이나 꽝꽝나무 타는 요란한 소리에 놀란 세상 사람들 달래주는 소리 같은…

자작나무 숲을 찾아 드는 사람들이 자작나무 등걸 태워 덥혀진 아랫목에서 소주잔 자작하며 읽어볼 만한 시를 자작거리고 싶은데 마음뿐이라 시집 이름이라도 붙이고 싶었습니다.

흙으로 돌아가는 여정, 그 길모퉁이 서성이며 쓴 글들이 자작나무 숲처럼 누군가를 너풀너풀 반기고 위로해 주었으면 하는 마음을 시집에 담아 여러분께 드립니다.

2019년 초여름 거제도에서

조양상 올림

■ 차 례

1부 서이말 등대처럼

동백꽃 - 19
연화도 - 20
지심도 들망 - 21
이수도 편지 - 22
서이말 등대 - 24
바다를 결재하다 - 26
이목저수지 - 28
손대도를 아시나요 - 30
수틀뱅이섬에서 - 32
견내량 건너 - 33
도장포 들뫼바다 횟집 - 34
여차포구 - 36
옥포 청금탕에서 - 38
외포항 꼼치탕을 먹다 - 39
함목 바닷새 - 40
시추선에서 - 41
어구항 그물에게 - 42
옥포 방파제에서 - 44

2부 서운암 가는 길에

서운암 가는 길에 − 49
미래사 풍경소리 − 50
부처님 오신 날 − 51
화엄사 흑매 − 52
보리수나무 열매 − 53
다솔사 황금편백 − 54
정취암 가는 길에 − 56
은진 미륵의 미소 − 58
불영사에서 − 59
산사나무 − 60
기원정사 가는 길 − 62
옥천사 월광곡 − 63
선운사 상사화 − 64
구유 − 65
태종사 수국 − 66
세족례 − 67
선암사 선암매 − 68
무량사 종소리 − 70

3부 천수만, 함초롬한 꽃들에

찌그러진 항아리 — 75
둠벙 푸던 날 — 76
쑥부쟁이 — 77
함초 — 78
달빛이 그러데유 — 80
귀향 — 81
염소국밥집에서 — 82
양은냄비 — 84
오서산 억새 — 85
거름 — 86
토정비결 — 87
광천 어리굴젓 — 88
수수깡 — 90
역마살 사주 — 92
하지정맥 — 93
불여귀 — 94
집밥이 먹고 싶다 — 95

4부 성마령 가고 싶다

건포도 - 99
전나무가 있는 풍경 - 100
그대 사랑 천국이라서 - 102
언강이 울면 - 103
자작나무 숲에 들다 - 104
성마령 가고 싶다 - 106
새우잠 - 107
담금주 - 108
평창꽃잠 - 110
콩밥 - 111
산 그림자 - 112
진주반지 - 113
몽요일 - 114
기다림 - 116
외서댁 꼬막나라 - 117
아우라지 샛강에서 - 118
내도와 외도 사이 - 120

■ 해설 | 공광규(시인) - 122

1부

서이말 등대처럼

동백꽃

누군가가 시리도록 그립다

나를 송두리째 바치고 싶다

외로움에 검푸른 이파리를 내려놓는 날엔

핏빛 흐드러진 입만 둥둥 떠올린다

칼바람 불어오는 겨울의 한가운데를

성큼성큼 몸 하나로 떠오른 아침이면

동박새 잠시 머물고 간 노자산* 언덕에

멀리 봄 오는데

하루해가 서둘러 멀어진다

*노자산 : 경남 거제시 남부면 학동 몽돌해수욕장 뒷산 이름. 동백나무가 많아 동 백림이 조성되어 있다.

연화도

미륵도에서 연화도 가는 길
부표들이 출렁이며 반긴다

새우깡 맛 들인 갈매기들은
아이들 울음소리 흉내를 내고
보덕암 풍경소리 목탁 소리도 정겹다

봄바람이
등산복 소매를 슬쩍 잡아당겨
고개를 돌리니

옅은 운무에 가린 깃대먼당*이
동백 매화 복사꽃 진달래 무늬
연분홍 치마를 입고 있다

*깃대먼당 : 연화도 중앙에 있는 연화봉을 연화도 사람들이 부르는 이름. 일제 강점기에 지형측량을 위한 깃대를 이곳 먼당(산봉우리)에 꽂아 두었던 것에서 유래 되었다고 한다.

지심도 들망

지심도 선착장에는
들망으로 자리돔을 잡는
삿갓 쓴 어부가 있다

동백숲 지나면
팔손이 손짓하는 말뚝밑* 갯바위에
돌돔이 지천이라던데

삿갓에 감춘 얼굴
긴 구레나룻 수염만큼
도선 타고 들어올 그 누구를 기다리는지

촘촘한 내 들망에
평생 꼭 가두고 싶어
밤 지새워 출렁인 한 사람

지심한 당신이 나를
그물코 성근 들그물에 가두었음을
지심도 선착장에 주저앉아 무릎을 친다

*말뚝밑 : 참돔이 많이 잡힌다는 지심도의 유명한 갯바위 낚시터 이름이다.

이수도 편지

너무 가까이 있어
가보지 않은 섬에서 편지를 씁니다

화살도 없는 시방 포구,
늘 시위만 당긴 나에게 그대는
한 마리 학처럼 바다에 누워 있습니다

형제섬, 백사도 고래 꿈에
거들떠보지도 않을 줄 어찌 알고
복항 질척거렸을 축댓돌은 매미성을 쌓습니다

물 밖이면 바로 죽는 멸치지만
내 눈을 장목^{長木} 등대로 삼은 당신이
내 골수 채워준 육수 국물이었다고

이수도 곁 각시섬 참나리들 나팔을 붑니다
술패랭이꽃은 우표 되겠다고 나섭니다
우리를 가출한 사슴마저 부스럭, 우체부 되겠답니다

〈
퉁퉁 불어 쓰라릴 속내
물텀벙 국물에 풀어 주라고
샛바람마저 도선의 발을 묶을 것만 같습니다

먼바다 돌아온 대구들의 신방
우체국 없어도 인심 넉넉한 섬길 돌아
이수도에서 하룻밤 묵어야지요

사주에 물이 많아
쪽배에 늘 이롭다는 그대에게
밤새워 긴 편지를 끄적거릴 수밖에요

서이말 등대

마을 어귀 키 큰 미루나무처럼
우두커니 서 있는 날들이 늘어난다

바람에 몸 뒤척이는 나뭇잎처럼
다시 되돌려 보여주고 싶은 기억들도
이제는 석양에 머리 묻고 싶은 거다

하루하루 매 순간 내려놓아야 하는
생을 눌렀던 헌 벽돌의 붉은 기억들은
쌓아 올렸던 비뚤비뚤한 흔적까지 무너지고 싶은 거다

해져 너덜너덜해진 지붕 끝 같은 생의 마디들
아직도 닻을 내리지 못한 그때의 시간이
낯선 포구에 기댄 바다 장승 보고 닻을 내리듯
당신 머리카락도 이제 바람에 순해지고 싶은 거다

뭍의 끝에 서서 먹줄치고 바라만 보았던
몸 닳도록 매달리지 못했던 날들
하얀 그늘의 흰 등대를 닮은 당신은

이제 애오라지 둘레길이라도 찾았는지 알 수 없지만

가파른 공곶이 숨은 오솔길도 되지 못한 나는
이젠, 찾아오는 이 없는 서이말 무인등대처럼
오늘 당신이 가는 작은 길이라도 밝히고 싶어
예구 선착장 뱃고동을 길게 띄워본다

바다를 결재하다

오늘도 수달이 단골인 횟집에 물살이 출렁인다

수달의 단골 메뉴는 사시장철 갯장어라
소꿉친구 암달의 강장식은 늘 푸른 물살을 풀어낸다

식솔들 짧은 입맛을 맞추기 위해서라면
횟집 주인 김기석 어부는
가끔 바닷속을 수달 헤엄치며 솟구쳤다는데

뱀장어 사돈 하모와 쌔, 쌔, 세하는
소라와 홍합, 전복을 따러 물결에 쓸리며
자맥질 거침없이 한다는데

수달 가족 회식비 결제는 연말정산,
먹성 좋은 자식 둘과 마누라를 데려와
개 중 맘에 드는 하나를 입양해 가란다

저인망, 쌍끌이 너무했다
조사^{釣師}들의 봉돌, 납덩이 무게만큼

어부 입에 피조개 거품 필 수밖에

강 언저리 어디쯤
둥지 틀어야 할 수달을
바닷속으로 횟집 단골 되게 했으니,

차라리 바다를 통째로 결재하는 것이 나을 것이다

이목 저수지*

진달래 꽃불 든 대금산은
명동 달빛에 천곡泉谷 샘물을 달인다

가로지안벽 망치소리가
구슬 포구 뱃고동으로 올 때마다
물안개로 해몽하는 이목 저수지는
샛별과 친한 사람들 멱 감겨 주었다

붕어 잉어 가물치 소금쟁이의 둠벙,
거제도 생선 축에는 끼지도 못해
하청한 바다 빈 통발처럼 자식들 살지라도
외포항 대구 내장, 이리를 곤이라 부르는
뭍 총각들 손에 회귀하는 잠수함이
여해汝諧의 유혼인 양 끔찍이도 좋았지

진수하고 여자 이름 지어
바다 건너 출가시킬 딸들이 많아서
세상이 아무리 가물어도
앵산鶯山 약수 모아 담수한

덕곡^{德谷}은 쉬이 마르지 않을 것이다

세상 이목 헤아려
배꽃 깔은 마중물은
밑바닥을 함부로 드러내지 않는다

*이목(梨木) 저수지 : 경남 거제시 연초면 이목리에 위치한 저수지. 옥포만의 대우조선소와 고현항 가로지안벽에 삼성중공업이 들어서면서 조선소에 필요한 공업용수를 공급해 온 저수지다.

손대도를 아시나요

사는 것이 벅차거든
여차 지나 홍포로 오세요

다 된다는 보장은 없지만
바다에 떠 있는 마을,
다대항을 천천히 돌아서 오면 더 좋아요

당신은 명사십리지만,
이끼조차 끼지 않는 망산 너덜겅
여차저차 내 변명이 더 구차했지요

갯바위 풍랑에 헤져
벼랑 끝 해식애가 되어간 당신은 주상절리,
그래도 내가 밀려와 철썩거릴 방파제입니다

쥐섬, 토끼섬, 누렁섬,
기다란 뱀섬, 장사도마저 손 내밀면
닿을 듯 곁에 있어 어울림 섬

〈
파도에 목탁 치다 염주가 될
자드락거리는 몽돌들도
병대도^{立臺島}보다는 '손대도'가 더 살갑답니다

여차 지나 홍포
저물녘 석양은 아플 만큼 붉어
한려수도라기보다는 적파수도^{赤波水道}라지요

나를 따라나선 당신께
손대주지 못한 날들이
동백꽃망울처럼 붉어서 그럴 거예요

수틀뱅이섬에서

칠천량 노을은 벌거숭이다

속곳 드러낸
키 작은 옥녀봉 탓인지
숱한 부끄럼 갈아내고 싶은
널브러진 숫돌 때문인지는 왜가리도 모를 일이다

옻 덧칠해 가리고
일곱 개천에 머리 풀어 견내량 물살에 헹궈내고 싶지만
아무리 발짝거려도 날 세우지 않으면
되돌아와 또 앗아가는 세월은 본래 염치가 없다

부끄러워하는 것이
고백하고 다짐하는 것이
숫돌에 낫을 가는 모습처럼
칠천도 패전기념관 문화해설사만큼 이쁜 섬,

수야방도* 갯물에
몃 감고 싶다

*수야방도 : 거제시 칠천도 북쪽에 위치한 작은 섬 이름. 숫돌이 많아 수틀뱅이섬이라고도 부른다.

견내량 건너

깊은 바다 거북이가
울분 참지 못하고
철갑 두르고 달려온 약속 섬이 있다

굽이치는 물결이
천지조화를 따르는 자字,
여해汝諧를 불러 크게 구한 섬이다

왜구에게 잡혀간 여진이 가엾어
동박새처럼 애간장 태운 일성호가一聲胡笳가
동백꽃 흐드러지게 피우는 섬,

거북선을 잠수함으로
판옥선을 항공모함으로 진수하고 싶은 꿈들이
견내량 건너면 넘실거린다

*견내량 : 경남 통영시 용남면과 거제시 사등면 사이의 물살이 빠른 좁은 해협. 임진왜란 때 충무공 이순신 장군께서 학익진 전술을 처음으로 시도해 대승을 거둔 한산대첩 승전지로 한산대첩은 세계3대 해전 중에서도 으뜸으로 꼽힌다.

도장포 들뫼바다 횟집

바람의 언덕 아래에는
바람개비들 맞이하는 횟집이 있다

바람맞고 바람 쐬러
무작정 남으로 남쪽으로 내려와 발길이 멎은 곳
돌아서지 않으면 홀로 섬이 되어
동백같이 검붉은 각혈을 쏟을 것만 같은 곳

더 갈 길 잃은 발은 저리고
짠 눈물에 절은 속은 쓰려도
벼랑이 가로막아 요절할 수 없었다며
도장 찍고 싶어도 도장밥 핏빛이 싫어
풍랑에 침몰한 범선, 도공의 눈물같이

머리만 남은 돌돔의 기억과
지느러미 퍼덕거리게 했던 물살마저
희멀건 지리 국으로 끓여 내주는
된바람 맞은 이들 소슬바람으로 달래 주는
마도로스 출신 강명철 어부횟집이다

〈

도장포항 들뫼바다 횟집은
사랑개비들 인감도장에 묻은 바람을
퍼렇게 멍든 바다에 버리는 집이다

*도장포항 : 갈곶이 갈개의 서북쪽에 위치하여 학동만의 안바다로 파도가 잔잔하여 대한해협을 지나가는 배들이 쉬어가는 곳이므로 옛날 원나라와 일본 등을 무역하는 도자기 배의 창고가 있었다 하여 도장포라 하였다는 구전이 있다.

여차 포구

떠나는 이는
웃음으로 배웅하란다

여차하여 돌아서
저차하여 보냈을지라도
안녕에 정녕, 더 무슨 말이 필요하리

여차 해변 몽돌 구르는 소리에
모난 가슴 자그락 몽글리고
그렇게 부서진 마음들 저구 명사십리
홍포 지나 다포항 모래톱으로 내려앉으면

갈대처럼 쑥쑥 자란 먹먹함도
설레설레 능쟁이* 발로 게걸음치고
짱뚱어처럼 두리번거리다
황발이 팔뚝만큼 노을로 여물 것을

떠나고 보낸 까닭은
여차저차 할지라도 구차할 뿐

진정 사랑하지 않았음이다

외로워 서럽거든
여차 해변 찾아와
가슴 갈아내는 몽돌밭에 누우면 그만이다

*능쟁이 : 칠게의 충청도 사투리.

옥포 청금탕에서

달 목욕을 끊었다

아침마다 폭포수로 다린다고
펴질 주름도 아니고

얼룩얼룩한 허물들
이제는 다 벗겨 내겠다는 욕심도 없다

세례 받은 지 40년,
하얗게 표백하기는 이미 늦었다는 생각이 들고

옥구슬처럼 살고 싶었던 날들도
덕지덕지 비눗갑에 붙은 땟자국 같다

옥포가 고향인 당신을
가장 어지럽힌 물때가 나라서 그런지

목간통 푹 잠겨
때를 불리는 게 점점 더 좋아진다

외포항 꼼치탕을 먹다

해맞이하고 오는 첫날,
바닷속 붉은 해를 따라서 온 보시가
언 가슴 풀어주는 눈이 부신 아침이다

외포항 물메기가
허연 김 내뿜으며 덤벙덤벙
통발 같은 몸속으로 들어온다

흐물거리는 살이, 평생
위장하지 못한 밥통 쓰다듬자
없는 비늘을 부르르 터는 물 텀벙
그런 내가 미워지기 시작하고 속이 메스꺼웠다

비워진 그릇에 두른
이순耳順의 나이테,
두터워지는 업살이 버거운지
꺽 거리는 소리가 쏟아졌다

함목 바다새

살아온 날들이 무녀리라서
곰삭은 홍어 무침이 당긴다

살아갈 날들도 바람일 것 같아
간간한 밴댕이 젓깔이 감질난다

엇된 시인의 노가리,
마른안주가 되지는 못했지만

바닷새의 주린 배를 달래줄
죽방 멸칫국 진안주라도 되고 싶다

갈매기 앙알거리는
갈곳이 가는 갈림길,

함목 해변에는
바닷새들이 몽돌을 품더라

시추선에서

파야 한다 뚫어야 한다
돌기름 터져 리그선$^{\text{Rig Ship}}$ 데릭^{Derrick}에서
횃불이 춤출 때까지

까칠한 날 세워 지그시 돌면
돌기도 어느새 옴팍해지고
바다 밑 뚫은 만큼 숨결도 꿈틀거리게 마련이다

파고 뚫어서 솟아 오른 원유로
연등불 밝힐 심지를 심는 일,
사랑이란 형용할 필요가 없다

내게 쏠린 당신을
유조선에 퍼담을 때까지
철썩철썩 출렁이는 망망대해 같은
그대 깊은 바다에 시추봉을 심는다

어구항 그물에게

그물이 그 물에서 놀듯
세상 사람들은 죄다 그물이다

개울이나 논 물고에서 미꾸라지를 잡는
반도 그물과 같은 사람이 있고

얕은 강이나 바다에
뜸 줄과 발 줄을 메어
길그물로 유도해 통그물로 사람을 잡는
각망 같은 그물도 있다

어떤 이는 움직이지 않게
깊은 곳에 그물을 쳐 놓고 고기 때 기다렸다가
큰 고기를 잡는 자리그물, 정치망 같은 사람도 있고

잡을 고기가 얼마나 깊이 사는지
그물코가 촘촘한지 성그는지를 헤아려
어군을 부르는지 아니면 쫒는 그물인지에 따라
인생밥상에 오르는 얼굴반찬도 천차만별이다

〈
구멍 난 통발인 내가
아가미에 올가미 씌워 고기 잡는
걸그물, 자망에 삿대질을 해 본다

옥포 방파제에서

옥녀봉이 찔끔거리자
옥포만 뱃고동 소리가
임진년 곡소리보다 더 애달파졌다

여덟 명의 왜구마저 살려 준 포구,
팔랑포 방파제 빨간 등대도
조선·해양 왕국 등극하던 날 기뻐
눈시울 적신 게 엊그제인데

강막지* 소금창고에 숨어
남몰래 울었던 충무공 어깨처럼
느태방파제 저편에서 출렁이는 너울은
돌쩌귀 바람맞으며 여진을 기다릴 텐데

약관의 나이에 조선소 입사해
귀먹은 이립* 꿈이 빈 바지선에서 졸아도
철갑선 만든 나대용* 후예들 가슴팍은
지심도 동백처럼 아직도 검붉어 진초록인데

〈
옥포항 구슬픈 쪽빛 뱃노래는
도크장 들어와 퍼덕이던
고등어 숭어 떼 등처럼 퍼렇더라

*강막지(姜莫只) : 임진왜란 때 소금을 구어서 수군에 바치는 일을 했다. 이순신 장군이 슬픔에 북받쳐서 울고 싶을 때, 부하들 보는데 울 수 없어 강막지 염창에 가서 실컷 울었다고 한다.
*이립(而立) : 30대 꿈을 세우는 연령대를 부르는 나이를 일컫는 말. 20대는 약관, 40대는 불혹, 오십대는 지천명, 육십대는 이순이라 한다. 공자께서 정한 연령대별 가르침이다.
*나대용(羅大用) : 이순신 장군을 도와 거북선을 만든 장군. 옥포해전에서 노량해전에 이르는 모든 해전에 참전했던 장수이다. 임진년 사천해전에서 충무공이 처음으로 적탄에 맞았을 때 나대용도 왼쪽 허벅지에 총탄을 맞고 부상을 당할 만큼 충무공의 수족 역할을 했고 이순신 장군께서도 지극히 아낀 장수이다.

2부

서운암 가는 길에

서운암 가는 길에

통도 불찰
일주문 앞을 서성이다
서운암으로 향했습니다

불초자들 대신하고 싶어
백팔배 절을 하다 목이 굽은
할미꽃은 이미 머리를 풀었고

내 부끄러운 사연들
대롱대롱 매달은 금낭화는
바람에 비단 주머니를 흔들어 헹굽니다

세상살이가 서운해
찾아온 통도사에서
나 때문에 피지도 못한 당신을 봅니다

미래사 풍경소리

달아공원 지나
미륵산 기슭에 서면
익어가는 홍시마저
가만히 귀 기울이는 소리가 있다

삐꺽, 삐거덕
섬섬옥수 통영만 노 젓는 소리를
범종과 목탁이 가슴 쳐 잠재우면
갯바람도 깃들어 대웅전 처마에 바랑을 건다

바다의 땅을 건져 올린 사람들이
어판장 경매 종소리 눈치채듯이
잔잔한 맥 놀림 공명으로
미륵산 휘감는 운무의 염불 소리

덜그렁 백팔번뇌, 달그랑 우담발라
무량수전 용마루 밑
격파수도 출가해 산에 오른 물고기들이
어부 되고 싶은 억겁의 업보를 울리고 있더라

부처님 오신 날

절에 가서 절을 했습니다

절 마당 가득한 연등에는
불 밝힌 바람들 절절합니다

절밥 공양하며
밥값 하자고 저를 타일렀습니다

절에서 오는 길도 절경,
발걸음도 저절로 가볍습니다

바람도 불두화 산사나무에
절 연습시키고 있습니다

화엄사 흑매

피아골 자욱한 물안개가
지리산 봄 자락을 휘감으면
화엄경 염불이 꽃으로 피어난다

법당문밖에 서서
평생을 기다린 사바의 순정이
청이끼로 파르르 번지면
어스름 산그늘이 글썽인 멍울 꽃

노고단 능선 너머 아련한
그리움도 섬진강에 흐르고
봄밤마다 범종 소리가 깨워
산사 언저리마다 먹먹히 물들이더니

만월당 돌담 밖
속세에 두고 온 눈망울 붉어질 쯤이면
서오층석탑의 월영 홍매도 흑빛이다

보리수나무 열매

4년 전에 사다 심은
보리수나무에 뽀로수가 엄청나게 열렸다
빨간 왕불똥이라
빛깔도 보기도 오묘하고 탐스럽다
혈관청소부 호퇴자로 불린다길래
약골 시인 친구에게 보내고 술도 담았다
염주 만드는 보리자나무,
깨달음을 얻는다는 보우나무와 다른 나무인데도
사람들이 일부러 혼동하는지
아니면 열매 맺는 나무라도 닮고 싶어 그러는지
뽈똥도 나도 도무지 알 수 없지만
사유수, 각수, 도량수로 더 불리길 바라는 마음으로
아버지 제사상에 올렸다

다솔사 황금편백

나란히 팔 뻗어
햇살을 거느리는 나무
편백은 조붓하게 자란다

어깨 너머 고만한 산들
오붓하게 팔 걸친 방장산에는
가출한 솔바람들 기댈 곳이 많아서
대양루 맞배지붕 뒤 뜰 안심료는
'단풍나무 숲으로 차마 떨치고 떠난'
님들의 침묵이 머무는 선차도량 되었다

소신공양하고 싶은
일주문과 천왕문 대신 서 있는 나무들
진신사리 탑 항아리 문양으로 살찌고
등신불 황금편백 화롯빛 노을은 봉명산 소나무 보듬는다

적멸보궁에 누워 편백 목침 괴고
낮잠 자는 노보살님 코 고는 소리도 염불이고

어웅하게 짙은 차밭 지나
보안암 석굴로 봉명죽 공양하러 갔는지
다솔사 풍경은 어느새 자취를 감췄다

정취암 가는 길에

친구가 하룻밤 묵으며
시를 썼다는 정취암 가는 길

대성산 낭떠러지 길가에
구절초 쑥부쟁이 가을꽃 대롱도
너럭바위 바라보는 내 목덜미 닮았다

의상대사 점심 공양 초대받은 원효대사도
때 거르지 않는 허기 달랠 보시를
이 꼬부랑길 오르며 끄적거렸을 테지

소나무에 달 등을 걸어 놓고
목어 깨우는 풍경소리에
별들도 시 쓰는 절이니
주지 스님 새벽 염불도 시어로 여물 수밖에

산죽 서걱대는 세월을 살면서도
늘 웃는 얼굴이 천상 시인,
목조관음보살좌상 닮은 친구가 반겨줄 것만 같다

〈
친구가 그랬듯
나도 간월대에서 문운 꿈꾸며
하룻밤 푹 자 보고 싶은 절에 가는 중이다

은진 미륵의 미소

삼라만상 중에
사람만 웃는 줄 알았더니

하늘은 구름 사이로
얼굴 내미는 달을 시켜 웃고

땅도 넙죽 절하는 화상들 바라보는
고사상 돼지머리 시켜 웃습니다

울고 싶어도 웃어야
사람답다고 웃기고 있습니다

미소 짓는 만큼
사람다워지는 줄 알았더니

은진 미륵보살 미소를 보고는
아무나 웃는 것이 아님을 웃습니다

불영사에서

불영지 서성거려도
달그림자에 어리는 사람 없다면
외롭다는 말은 삼가해야 합니다

불영계곡 바위에 물길을 낸
계곡 물소리에 가슴이 편해지지 않으면
기다리겠다는 약속도 오래가지 않을 것입니다

천축산 불영지 위
의상대사 눈에 비친 다섯 불상은
아마, 계곡을 떠도는 넋이 아니었을 것입니다

노승의 눈에 어린 것은
돌미륵이나 금보살이 아닌
다섯 송이 연꽃 같은 사람이었을 것입니다

별들이 뾰족한 모서리를 갈아내는 길에서
금강송 우는 소리를 듣지 못했다면
분명, 누군가를 사랑하지 않았다는 것입니다

산사나무

열매를 산새들에
알뜰히 다 내어 주고

고운 이파리까지 털어
갈바람에 갈이불 맡긴 나무들이
산사 뒤꼍에서 긴 묵언 수행 중이다

하늘에 뻗은 가지
무서리에 얼얼하도록 절여
눈꽃 거품 세제에 펄펄 헹궈야

사뭇한 그리움도
새들의 홀레와 탁란마저도
앙금으로 몽글어 나이테 된다고

부산 떨며 꽃 피워
슬하 자식들 염주 되라고
빨간 열매 매달고 서 있는 산사나무

〈
늦가을 바람이 다가와
잔가지 고요한 등걸 토닥거려
산사를 달랩니다

기원정사 가는 길

기원정사에 가는 길
아카시아꽃이 향 공양을 한다

사금파리처럼 반짝이는
찔레꽃이 화관을 올리자
논두렁 길 자운영은 춤 보시를 한다

농수로 지나는 개울물은
갈라진 논바닥에 수덕을 행하고
이팝나무, 불두화 밥 공양 고봉이다

밤새워 봄비 내려도
울지 못하는 청개구리들에게
태평양 건너온 미제 풍경이 풍금을 치는

부처님 오신 날,
기원정사 가는 길은
온통, 사성제 공양 절하는 길이다

옥천사 월광곡

그대의 밤으로
흘러갈 달 강이라서
은물결 여울목 흐릅니다

연화산 그늘에
숨어야 할 만남이라서
당신은 늘 낮달로 다가옵니다

해처럼 환할 수 없는 인연
당신이 나를 부르는 소리도 단조라서
풍경소리도 스렁스렁 목이 멥니다

연화산 계곡에 어릴
옥천사 연등 기름은 눈물이 아닌지
연꽃처럼 환한 달빛에 묻습니다

선운사 상사화

자꾸 어른거리면
승복처럼 바랠 것 같다고
도솔산 응달 길로 당신은 돌아섰습니다

우리 인연
풋거름 삼자던 당신은
휑한 눈 감고 풍경소리만 들었습니다

산도라지 멍든 만큼
이파리 앞세운 불여귀 꽃
사랑은 업보를 꽃으로 피우는 것이라며

아낌없는 사랑은 무릇,
꽃무릇으로 핀다고
슬픈 기억은 이파리마저 출가해 숨는다고

구유

염주나무도 시렁 주렁
나무아비타 열매 맺어
사바의 주린 잠 깨우던데

구상나무도 몽글 뭉클
아뉴스데이 별꽃으로 여물어
구유 향해 절하던데

아등 넘실, 바등 철렁
그 무엇을 구하고자
아, 나는 누구를 섬기고 싶어

고목 동강도 속 비워
모락모락 김 피어오르는
워낭 반겨 줄 여물 담던데

태종사 수국

태종대 찾아가는 길
태종사 일주문 앞에
누군가 자색 부케를 두고 갔다

절벽 벼랑마저
물들이다 빛바랜 산수국이
하얀 쌀밥 법당에 올리는 아침

성불은 속리산 이름처럼
속세를 멀리하는 것이 아니라
누군가를 위해 속절없이 피어야 한다고

40년 전 수학여행 갔던
영도 해변 더듬던 길에,
다발 꽃으로 먹먹하게 핀 수국을 본다

세족례 洗足禮

발을 씻겨 주고 싶다
발자국 따라나서고 싶다

족적은 형상기억합금처럼
가슴에 상형문자 흔적을 새기는 일

세상살이가 발자국 남기기
하느님도 결국은 발자취 감식가더라

당신이 거꾸로 신을지라도
꽃신으로 감싸 주고 싶었다

고랑 내 날 발걸음 기다리는 것이 사랑이고
쓸쓸한 족적 더듬기가 그리움 아니더냐

어머니도 당신도 출가하였다가
출소하여 돌아온 내게 맨발로 달려 나왔듯

서로의 맨발 되어주는 성사,
예수님 부처님도 십문칠 되어 주는 사제더라

선암사 선암매

겨울꽃들이 납매처럼 피길래
선암매에게 법문하고 싶어 달려갔습니다

너는 누구의 무지개다리냐고 승선교가 먼저 묻습니다
월천공덕을 얼마나 놓았느냐고 강선루도 거듭니다

새벽을 백매처럼 깨우신 조매가 어머니셨고
늘 동상 걸린 동매, 청매의 꽃받침이 아버지셨는데

설중매 흉내만 내며 만첩풀또기로 피던 나는 부끄러워
대웅전을 피해 원통전, 무우전으로 숨었습니다

나무도 매실 공양 길에 매화 공양은 덤이라 하고
바람도 매향이 사모한 미소가 응향각에 그윽하다고

산 그림자마저 죽단화에겐
봄은 아직 까마득하답니다

조계산 개울물은 홍예다리만 멀뚱히 씻겨 주고

옥매 되고 싶은 선암사 홍매는 염주만 부풀리는 중,

출가한 만첩홍매는
선암사 탱화를 그리고 있었습니다

무량사 종소리

나는 홀딱 벗고 새다

성주산 땅거미가
괘불탱 휘장 치지 않아도
극락전 앞마당 차지할 도량이면
금낭화처럼 사연 주머니 매달 까닭도
종 꽃마냥 부끄럼 헤아려 가릴 이유도 없는

'빡빡 깎고' 암자 지어
늘그막 명혼 한 시습의 양생 되어
탁란한 둥지의 의붓아비라도
'풀빵 사줘' 공양하고 싶은 거다
덤으로 얹혀살아온 날들이
당신의 무량한 울림이고 자비인 거다

종목에 매를 맞은 범종이 몸 풀면
오색딱따구리 서둘러 목탁 치고
'홀딱 벗고 새' 울음 공양에
무량사 종소리가 만수산을 넘어가는데

〈
그런 날
무량사 저녁 예불에는
평생 홀러덩 벗지 못한 귀 얇은 중생들 모여
엉거주춤 엎드린 채 머리를 조아리는 것이다

3부

천수만, 함초롬한 꽃들에

찌그러진 항아리

봉숭아가 울타리를 친
고향 집 장독대에서
어머니가 쓰셨던 항아리를 더듬어 본다

금이 가서 목에 철사를 감은 도가리
이빨 빠지고 깨진 단지 모습이
염할 때 마지막으로 본 엄마 모습 닮았다

유품으로 간직하고 싶어
그중 하나를 고르는데
한결같이 목이 찌그러진 단지이다

먼 객지에 공부시키려고 보낸 자식
그릇될까 봐 찌그러질까 봐
어머니께서 몇 푼 아끼려고 고른 항아리일 게다

둠벙 푸던 날

마르지 않던 둠벙에
고기가 얼마나 사는지는

소금쟁이 장딴지와
쌀방개 춤으로 가름했습니다

엿 바꿔 먹을 양동이로 물을 푸면
논두렁 서리태와 술 섶 메뚜기도 기웃거리고

벌거숭이들 얼굴에 묻은 펄만큼
미꾸라지, 붕어는 퍼덕거렸습니다

계집아이들 박꽃 같은 웃음소리가
놀란 피리, 송사리 떼같이 몰려다니던

동무들과 둠벙 푸던 날은
팔뚝만 한 장어 꿈도 꿈틀거렸습니다

쑥부쟁이

흐드러져야만
절절해야만
내게 오는 너는 늘 빈손이다

구구절절 애틋한 시간이
늦가을 저물녘을
보랏빛으로 물들이는데

갈 빛 서린 사향나무 숲에 들어
무서리 내린 산등성이를 내려놓아야만
시리도록 얼룩진 너를 만난다

피었다 지는 시간만큼
머물렀다 가는 시간만큼
너에게 가는 나도 늘 빈손이다

바람이 지나간 자리
구름이 머물렀던 자리
다 덮느라 늘 빈손인 것이다

함초

알록달록한 어머니 몸뻬에서는
사철 갯내가 풀풀 났다
왜바지 바닥 어디쯤에서 갯벌을 키우는지
어두운 밤에도 갯내는 빠져나가지 못했다

별꽃 무더기가 천수만 가득
어리굴젓을 살찌우던 밤
잠 설친 둑새풀 어린 몽당손들이
젖무덤을 찾아 글썽인 꿈길에서조차
퉁퉁마디*는 사뭇 빨갛게 물들었다

달 따라 갔다가
별 달고 오는 기수역마다
멍울처럼 몽글리던 어머니 꽃무늬 몸뻬에는
밤새도록 물고기가 퍼덕였다

갈대숲이 우르르 바람을 몰고 올 때
수군수군 밀물은 갯벌을 껴안으며
칭얼거리던 어린 아들에게 어부바 어부바

몸빼 가득한 함초 꽃무늬를 새겨 주었다

지금도 어머니 몸빼 얼룽 무늬는
밤이면 함초롬 꽃으로 피었다 지고
광천 어시장 능쟁이로 게걸음 치기도 한다

*퉁퉁마디 : 갯가나 염전 길섶에 자라는 풀, 함초의 다른 이름이다.

달빛이 그러데유

맴도는 것이 임자래유

계수나무 아래 토끼가
절구통을 잘 달래는지 모르지만

애달픔인지 안쓰러움인지

날마다 야위었다 부풀리는 달에도
거뭇거뭇한 흉터가 듬성듬성허던데 유

저만치 초록별 앞장서
하현에서 그믐으로 달음질치면

자작나무 숲 응달에
숨을수록 부풀어 초승이 만월로

그래서 달빛도 사랑도
뒷모습 봐 주기래유

뒤태 거울 되어
맴도는 이가 임자래유

귀향

아버지 봉분에 부어 드릴
정종도 장만했고

어머니 무덤에 바칠
흰 국화도 한 움큼 샀다

비둘기호 완행버스에 손 흔들던
미루나무는 아직도 날 기다리고

이엉 엮어 지붕 덮어주던
장독대 희멀건 동치미도 익었겠다

객지로 귀양 간 이들
모두 귀향하는 날, 그러니 명절이다

염소 국밥집에서

풀이 뿔 되면 노린내가 난다

은하면 장자울* 흑염소는
지랑풀이 수염 되는 계절 오면
나무에 뿔을 비비며 잡아먹길 재촉한다

우두머리 수놈 한 마리면
암염소들과 새끼들 잘 거두던데
와코루 브래지어 고르지 않아도 슴골 출렁이며
페르메산 치즈 냄새 풍기던데

보신탕 먹지 말라며
새우젓에 국밥 잘 말던 여자는
사랑에 목숨 거는 전갈자리보다는
살림 잘하는 은하수 염소자리였을 게다

염소 국밥집 은하식당에서 들려오는
'자넨* 잘 지냈느냐'는 안부에는
고독한 염소 노린내가 난다

*장자울 : 충남 홍성군 은하면 장척리의 다른 이름. 옛날 장자가 살았던 마을이라 그렇게 불렀단다.
 *자넨 : 스위스 자넨 산골이 원산지인 염소의 한 품종, 자넨 치즈는 일등급 치즈로 평가받는다.

양은냄비

보톡스로 가릴 수도

엿 바꿔 먹을 수도 없을 만큼

칼로 물을 베었던 날들이 찌그러져 있다

거르면 허전해지는 귀뚜라미 우는 밤

바람 든 끼니와 허기를

수프 못지않게 절은 김치에 풀어

종기가 옹기 생각으로 속절없어

양은냄비에 지글보글 라면을 끓인다

오서산 억새

담서리 고개 넘어갈 때쯤
아차산 그늘이 키운 억새는
고향 엉아 장사익 만가를 시렁거린다

효자도 외삼촌이 술에 취해
막내 여동생 손잡고 우시던 날
정암사 응달에 할머니 모신 아버지는
으악새가 더 슬피 운다고 거들었다

청라면 보리 물결이
뱃길 끊긴 피섬을 달래기 벅찰 줄 어찌 알고
산꼭대기 없는, 능선 오리 길에는
숱한 억새들이 보리 파종을 할 때부터 머리를 풀었다

까마귀 둥지일지라도
고향 집 아랫목 푹신거리라고
서해 등대산 오서산은
은발 휘날리며 천수만 뱃길 더듬는다

거름

쥐불놀이에 꼬까옷 그슬리고
굴뚝 모퉁이로 쫓겨났던 저물녘,
두엄더미에서는 김이 모락모락 났다

머리를 처박은 밥상머리,
바구미 주둥이 쌀벌레에게
아버지께서 이르신 말씀

"밥이나 많이 먹고 똥이나 많이 싸라"

자운영 꽃물결이
황토 바람에 출렁이던 날,
먼 걸음 하신 풋거름 호통 때문인지

사람들 두엄자리에
인분이 되고 싶은 나는,
아직도 꾸역꾸역 밥을 먹는다

토정비결

오천 갈매곶과 영보리 지나면
청라면 사람 이지함이 누워
노을 사주 봐주는 점집이 있다

목숨 바쳐 순교한 곳이라
끼니 되어 준 보리밭 고갯길이라
석양도 꽃잠 드는 지름길 명당이겠지

발전소 터빈 식힌 물 때문에,
용왕님 눈과 광천 김밭에도
해거름 지면 백태만 낀다던데

명당 가로막고도
토정비결 길괘를 찾지 못했는지
발전소 굴뚝과 산기슭 태양광 패널에도
내 머리숱 구멍만큼 뿌연 연기가 난다

연기가 김으로 모락거릴 만큼,
어둠 밝히는 것은 자가발전뿐이라고
천수만 노을은 저물녘마다
붉은 탱화를 수놓는가 보다

광천 어리굴젓

　나보다 십 분 먼저 태어난 친형이 있었다 나는 그를 형이라 부르기 억울해 아버지 옆에 있을 때만 엉아라 불렀다 엉아는 부친이 일찍 먼 걸음 하시자 책가방 집어 던지고 농사를 지었다

　매년 농사를 지으면 쌀과 김장거리를 형제들에게 광천역 수화물로 보내 주기도 했다 내가 거제도에 살 때는 주소를 거지도로 써 보냈는데도 쌀은 바다 건너 잘 왔다 그런데도 홀몸으로 천수답과 팔 남매 거두시던 어머니에게 효자 소리는 내 차지였다 식구들 논밭에 나가 일할 때 엉아는 시험공부 하라며 내 몫까지 도맡아 했다 성적표를 받는 날 식구 중 엉아가 나보다 더 우쭐거렸다

　엉아는 경운기에 손자락 두 개를 잃더니 큰 콤바인을 농협 대출로 샀다가 아버지께 물려받은 땅과 집까지 경매로 몽땅 날렸다 가끔 고향 가면 이빨과 눈이 아프다는 엉아에게 진통제 사다 주다 오서산 다람쥐였던 엉아가 이상해 큰 병원엘 데려갔더니 뇌종양 말기였

다 형수와 논밭 잃고 시름시름 지낸 5년 동안 얻은 병이다

 절대 수술하지 않겠다고 우기던 엉아가 가장 환하게 웃었던 날은 나에게 속혀 수술 날짜가 잡힌 날이었다 내가 처음이자 마지막으로 목욕을 시켜 주고 면도까지 해주자 엉아는 살고 싶은지 웃다 울었다 엉아는 뇌수술을 받은 지 보름 만에 저세상으로 갔다

 지금은 고아가 된 엉아의 두 아들이 고향을 지킨다 이번 설빔으로 옷가지 몇 벌을 사 갔더니 조카들이 너무 좋아했다 설 쇠고 고향 집 나설 때 조카들이 냉장고에서 작은 봉지를 챙겨 주었다 엉아가 살아생전 꼭 챙겨주던 짜디짠 광천 어리굴젓이었다

수수깡

받는 것보다
주는 것이 더 애틋하다

받고 싶은데 주지 않는 것보다
주고 싶은데 받지 않는 것이 더욱 서럽다

사무칠수록
바람만 숭숭 들어

서성거린 밤하늘만큼
서걱서걱 텅 빈 가슴은 멍들었다

그 모습 쬐지 못하여
이슬 터는 꿈길 달음질치고

그 마음 쐬지 못한
여울목에는 아스라이 물안개 피어난다

수수밭 헤매 도는 내 발길에

수수깡 절레절레 고개 흔들고

더 줄 곳 잃은
가슴엔 뭉게구름만 피어오른다

역마살 사주

추월하는 차 번호가
당신 들창 바코드 가르쳐 줄까 봐
산길 임도로 차 몰고 헤맵니다

짐짝처럼 실렸어도
시린 밤 몸 난로 사뭇 못 잊어
순환 지하철 타고 땅속을 후빕니다

스쳐 가는 엇갈린 풍경이
뒷모습 배경으로 아득히 되살아나
심야버스 타고 너덜겅으로 향합니다

설렘도 하늘 기웃,
오직 당신에게로만 이륙하는 구름 있어
비행기에 몸 실어 바다 넘어갑니다

그대 만나러 온 소풍,
늘 찾아 떠돌아야 할 사주
역마살도 축복인 것은 당신 덕분입니다

하지정맥

장딴지 핏줄이
소달구지 바퀴 심줄처럼 드러나
다리가 늘 저리다던 아버지는

인중과 가랑이에 구레나룻이
거뭇해지기 훨씬 전부터
비실거린 나를 작대기로 썼다

힘세다고 미련 떨던 내게
지게에 바작을 얹어 주며
늘 타이르던 말씀

"미련한 놈이 짐 탐한다"

짐 탐 버리지 못하고
바둥거리며 살아온
내 장딴지에도 하지정맥이 섰다

불여귀

지천명 숲에
울지 못하는 산새들 모여든다

눈시울 붉힌 노을이
저만치 앞장서 기다리고
함초롬 찬이슬 모은 그믐달이
납작한 잔 넘치도록 기대 서 있다

슬픈 날에는 끄렁끄렁 산처럼
눈이 붉은 짐승들 불러 모으고
지새운 밤이면 언 강 울듯
온 산에 참꽃이라도 흐드러지게 피울 것을

스멀스멀 안개처럼 피어날
서강 가시고기 사연이면
두견처럼 밤이라도 지새울 것을
기러기처럼 사람 인^자로 돌아갈 것을

울지도 못하는 지아비들
그만 오라고 등 떠미는
서산 고갯마루 서성인다

집밥이 먹고 싶다

밥 먹는 것도
일 같은 저녁이면
집밥이 먹고 싶다

묵은 쌀
짬밥 그릇 수만큼
사는 것도 더 누룩내가 나서
이 식당 저 밥집 기웃거리다 보면
식구 없는 허기도 기가 죽는다

장독이 우려낸 건지
바가지가 울어 간이 된 건지
집밥은 물리지 않을 만큼 간간하고
살림살이만큼 짭짜름해서

후루룩
찬물에 밥 말아 먹다
삼식이 소리 들어도
집밥을 먹으며
밥상머리에 절하고 싶다

4부

성마령 가고 싶다

건포도

당신과 처음
아침을 맞이했던 날
우리 가슴엔 청포도가 수줍어했습니다

인연을 이은 핏줄이
서로의 가슴을 파먹어
검게 멍든 만큼 머루도 익었습니다

포도밭 그늘에
알알이 맺혀 영글기를
앙망했던 까만 눈망울이

어느새 무른 당신 가슴
건포도 보곤 이젠,
포도 껍질마저 함부로 뱉을 수 없답니다

전나무가 있는 풍경

붉은 시간과 송곳의 중간쯤
그대와 내가 오도 가도 못 하고 있습니다

그대 내게 오는 그 시간 언저리에
탁발승 같은 저녁이 그림자로 먼저 와 있었습니다
내가 그대에게 가는 시간엔
어두침침한 새벽이 아직 눈도 뜨지 못하고 있었습니다

메타스콰이어가 누워서 담벼락을 쳐도
버짐나무가 팔을 벌려 길을 막아도
그대는 내가 기어코 닿아야 할 집,
나는 나뭇가지 끝마다 붙박인 까치집 지으며
그대에게 달려갈 것입니다

저물녘, 사르륵 갈잎 밟는 소리 들리면
내, 애살 태우는 하얀 연기가 되겠습니다
당신, 눈 붉혀 또 토끼 눈 되겠지만
오래 당신이 머무를 푸른솔 되겠습니다

〈
밤새 당신이 쿨럭이지 않도록
단단한 나뭇가지 고깔 무늬로 얽어맨
따뜻한 집 한 채가 되겠습니다

그대 사랑 천국이라서

그대 사랑이 천국이라서
지옥에 갈 것만 같습니다

내 사랑의 죄 거듭다가
천국 문전에서 박대당할 사람,
꼭 있을 것만 같아서요

눈먼 고운 그대 훔쳐
속 빈 강정 만들었는데
하늘마저 보쌈할 자신이 없어서요

내가 지옥에 갔을 거라며
굳이 극락 버리고 오고야 말,
꼭 한 사람이 당신일 테니까요

그대 사랑 천국이라서
연옥 저편 붉은 노을마저도
분명 내 편일 것만 같아서요

언 강이 울면

겨울 철새들
떠날 때쯤이면
강은 어김없이 운다

강가에 늘어선 버들,
솜털 무빙霧氷이 깃털 될 쯤
입춘이면 산도 덩달아 울먹이던데

먼 바이칼호숫가,
사시나무 숲만큼 겨울 타던 이에게
보내지 못한 상고대 엽서처럼

빙점 지난 바람이 돌아올 땐
산 그림자도 강마을로 성큼 달려오고
당신도 마른 내 품 더 파고들겠지

겨우내 언 강
쩌렁쩌렁 울 때쯤이면
봄은 꼭 누군가를 앞세우고 오던데

자작나무 숲에 들다

곰배령 지나 한계령 가는 길
버짐 핀 나무들이 하얀거 중이다
법복도 하늘도 온통 자작나무 빛깔인데
잔가지를 키운 멍 자국마다
젖은 내력들이 선들바람에 나풀댄다

문득 쏟아져 내리는
푸릇푸릇한 말씀들
묵독하라는 금강경은 초록인데
세상 벗어나고 싶어 장만한 옷가지는
금강소나무 껍질만큼 덕지덕지 붉다

긴 날 물안개에 젖었을 비탈진 계곡에는
눈물 말랑말랑한 이야기 몇쯤은 숨어 있어서
누군가 버리고 간 백작약 흰 꽃,
공작 꽃 같은 보랏빛 이야기들이
자꾸만 뒷덜미를 채어 갈 것만 같다

인제 자작나무 숲에 들면

자작자작 군불만 지펴 온
거뭇거뭇한 사람들 찾아와, 숨어 울
삭풍 우는 한겨울 절간만 같아서
동안거 가는 길인 것만 같아서

성마령星摩嶺 가고 싶다

성마령 가고 싶다

까칠해진 그믐달이
미천 동강 물에 먹 감는
달 없는 밤이면 더 좋겠다

싸리꽃이 빗자루 드는
정선 가는 길로 들어서면
달 따려다 별 달게 된 사연마저 지워낼 수 있을까

곤드레밥 거뭇한 만큼만
별똥처럼 스치우는 너를 흰 손수건에 물들이면
광나무 이파리를 꺾지 않아도

구절리에서 아우라지로 흐르는 물빛만큼
월정사 금강 솔잎 엮어 붓칠하는 만큼
서로 밤하늘 바라볼 눈망울도 초롱초롱하겠지

별 닦는 고개,
성마령에 다시 가서
내 꼬리별 당신을 밤새워 광내고 싶다

새우잠

그대 생각에 모로 누웠습니다

시위처럼 굽은 인연이기에
꿈길마저도 아득히 먼 두름길입니다

칡넝쿨처럼 휘감지도
등나무처럼 가려 주지도 못한
옹졸한 가슴은
별빛에도 시려 마냥 움츠려만 듭니다

뒤척이던 밤마다
서성거린 뒤안길에서는
잠 못 이루는 숲
노루, 꿩이, 토끼들 선잠만 깨웠습니다

부질없다 부질없다고
부지깽이로 군불 토닥이다 돌아 누웠지만
그대 꽃잠 널 아랫목을
또 어느새 비워 둡니다

그대 생각에 이 밤도 모로 누웠습니다

담금주

혼자 히죽거리며
누군가를 알딸딸이 만드는 일에
재미 붙였으니 병이다

잔대술 무르익으면
잔잔히 대작하다 침 바르려나
야관문 풋내 맡고 취하면
묘 등 비석마저 자빠트린다던데

풀뿌리도 연식 쳐주고
곰팡이도 나잇값 하는데
이리저리 산등성이까지 밀려나
산허리 더듬어 후벼다가
초치며 해롱대니 고질병이다

당신이 내게 엎어질 일은
산더덕 주름만큼 삭았지만
들녘이 빈손에 쥐여 주고
산이 챙겨 등 떠밀어 준 뜻을 헤아리고 싶었다

〈
혼자 찔끔대며
소주병 비우기 남사스러워서
속 보이는 술병에 풋정을 담근다

평창 꽃잠

메밀꽃 요를 깔고
양떼구름 이불을 덮는
평창의 밤은 달곰하다

성마령 넘으며
별 하나씩 넘본 구름도
금정 계곡 시린 물에 손을 씻고
오대산 달 꽃을 보쌈한
만월산 건달바 날다람쥐도
월정사 도량에서 무릎을 꿇는다

곤드레나물로 배 채우고
편백 베개에 침 흘리며
굴피집에서 누에 잠자면
칠 부 능선 휘감은 허물도
명주실 뽑을 번데기로 코 골 수밖에

대관령의 평평한 품에서
지친 꿈들이 창창한 숲 되는
평창의 잠은 달큼하다

콩밥

죄인이라서 콩밥이 좋다

고랑 밭뙈기도 차지하지 못할 만큼
설겅설겅 살아서
논밭 두렁 더부살이 콩
서리태 동부가 달곰하다

꽃이라 불리지도
옹글지게 여물지도 못하여
꼬투리에 올망졸망 매달린
초록 눈물 완두콩이 꼬숩다

구부정한 울타리콩이
듬성듬성 보리밥에 박혀
자색 점박이 강낭콩만큼
지은 죄 콩닥콩닥 가슴 두드리니

평생 콩밥 좋아한 나를
언젠가는 당신도 용서할 거다

산 그림자

내 인연의 그늘은
누구의 가슴 드리웠을까

땅거미 어스름 밀려드는 저물녘,
붉은 노을 물들면
산마루 꿈길 마중 나서는 그림자

적적해진 숲길에
산새들 날아오고
산골짜기 들짐승 뒤척이면
강물 건너오는 너른 품 있어

산들은 철 따라 요 깔고
밤이면 초병들 휘파람도
초대받는 순서도 각양각색이라
병풍처럼 펼쳐진 배경도 형형색색이다

어떤 산등성이
성큼 넘어온 그늘을
당신 달그림자는 기웃거리는지

진주 반지

진주 반지를 선물해 주고 싶은
한 사람이 있습니다

내 말이 가시라서
그 가시에 찔린 자국마다
진주를 사리처럼 키운 사람입니다

상처에 바다 눈물 바르고
그 흉터를 달 눈물로 어루만진 세월에
내 가시도 무딘 몽돌을 닮아갑니다

못이 박힌 귀에는 백진주 귀걸이를
거칠어진 약지에는 금진주 쌍가락지를
멍들었을 가슴골에는 흑진주 목걸이를

내 생애 개펄을 진주만으로 가꾼
영락없는 무지개 진주가 당신입니다

몽요일 夢曜日

저릿한 세포들이
목요일 밤마다 몽땅 열리는 것은
순전히 조물주 탓이다

해와 달을 넷째 날에 만들고
빈 창공 가득, 별까지 흩뿌려 놓아서
지구본 등고선을 따라
너의 얼굴이 몽글거리며 오는 날이기도 하다

수요일 저물녘 어스름이랑
자작나무 껍질 벗겨 편지를 쓰면
삐지기 잘하는 너의 자전에
뻗치기만 하는 나의 공전축이
멎을 줄 알았나 봐

꿈꾸는 나뭇가지에
잡새들이 가랑이 털을 뽑아
옴팍한 둥지를 아릿하게 틀어도
딱따구리가 만든 굴집 들락거리는

목마른 날다람쥐 목구멍 울대처럼
너를 향한 마음도 먹먹해 도톰해진다

내 갈비뼈로 너를 만든 날
토요일을 꼭 보쌈하고 싶어
그리움이 빳빳하게 멍울서는
목요일은 너를 꿈꾸는 날이다

기다림

바람 사이에 거미줄을 친다
뒤안길 떠돌 거라면 아침 이슬처럼
그 눈물이라도 남겨두고 가라고

숲 사잇길에 덫을 놓는다
하늘만 보고 떠난 사람
절룩거릴지라도 땅 짚어 되돌아오라고

기다리는 것도 일이라
굿을 하는 무당거미도 있고
주검을 기다리는 송장벌레도 있다 하니

깊은 바다에 그물을 친다
험한 세상 강물처럼 떠밀려가다
정처 없으면 내 그물에 걸려 잡히라고

외서댁 꼬막나라

조계산 산그늘 내려올 때마다
오금 저린 뭇 철새들 꼬드긴 그녀,
태백산맥 외서 댁이 꼬막 집을 차렸다

백운산 어치계곡 마파람과 눈맞아
출가한 빨치산도 꽈리봉,
외서면 친정이 먹먹골 된 줄 알았더니
6시 내 고향 출연해 조개집 간판까지 달았다

쫀득한 벌교 꼬막 맛 못 잊은 건지
꼬막무침 막걸리로 채워줘야 할 남정네들
쫄깃한 허기 달래주고 싶어서인지
순천만 갈대는 어패류들 아슴한 사연 알까

뻘밭 질퍽거린 만큼 꼬막은 꼬숩고
도도록한 고랑일수록 아릿아릿 찰져서
달그림자 무지개다리 홍교 난간 더듬듯
동지 밤 그믐달도 서쪽으로 기운다

아우라지 샛강에서

아우라지 나루터에
골지천 언저리 서성이던 송천이
미운 정 사위어갈 너와집을 짓는다

강이 풀리면 합수머리 맞댄
어름치들이 생나무 줄배 당기고
여물목 가득한 물안개가 여량*이듯
검룡소 향한 물푸레나무 섶다리로 늘어진 수양버들도
고개 숙여 절하는 동강할미꽃 눈썹달이다

강나루 빈 배에 달그림자 쌓인 만큼
성마령* 쌉싸름한 곤드레밥 지어
모래톱에 선, 왜가리 별 발자국 따라나서면
굴피집 사랑채 지어줄 갈참나무 당신은
송정암 저 건너 뗏목 타고 굽이쳐오려나

동강 흘러 서해를 채우듯
아우라지 샛강이 아리랑 훌쩍이면
만수산 노을 황조롱이 생강나무 숲에 안긴다

*여랑 : 정선군 북면에 위치한 송천과 골지천이 만나는 아우라지 마을 이름. 너른 들에 논농사가 가능해 마을 사람들이 먹고도 남을 만큼의 식량이 넉넉한 곳이라고 붙여진 고을 이름이다.

*성마령 : 정선군 용탄리의 행마동과 평창군 미탄면 평안리 사이에 있는 해발 973m 고개. 성마령이라는 이름은 고개가 높아 별을 만질 수 있다 해서 붙여졌다.

내도와 외도 사이

안과 밖 사이
오가는 너울은 언제나 출렁거린다

짙은 선글라스 낀 연인들은
유람선 선장의 아슬한 너스레처럼
비너스 벌거벗고 서 있는 밖 섬 정원 찾아가고

속옷 챙겨주는 그림자는
숨비소리로 곳곳이 수선화 깨우는
보재기*들 모여 사는 안 섬으로 간다나

거제면 외간리에 사는
외간 남자랑 외도에 가야
외도를 제대로 구경한다던데

서이말 등대가
껌벅거리기만 한다고
윤돌섬에 벗어 둔 사연들을 모를까

〈
섬 건너 섬 속살 헤집은 만큼
누군가의 안섬이 되고 싶은 만큼
내도와 외도 사이 물결은 소용돌이친다

*보재기 : 해녀의 거제도 사투리.

■□ 해설

거제도와 불교 제재, 그리고 고향 서정

공광규(시인)

1

　조양상 시인은 1960년 충남 광천에서 출생하였다. 오랜 세월 거제에서 생업을 꾸린 것이 인연이 되어, 지금도 거제에 기거하며 서울을 오고간다. 현재 거제시합창단 등에서 40여 년 여러 합창단을 이끌고 직접 작사, 작곡하는 등 시 창작 외에 남다른 문화적 재능과 문화조직 능력을 가진 시인이다. 시인은 2017년 『시와소금』 가을호에 시부문 신인상으로 등단하였다. 등단 이전에 이미 시집 『연꽃에게』를 낸 바 있다.
　시집의 시들을 유형화하면 거제도와 불교 제재의 활용, 그리고 고향 서정의 진술일 것이다. 거제도는 시인이 수십 년째 생업을 하면서 머무는 곳이다. 그리고 시에 나타나는 많은 불교 제재들이다. 시인에게 불교는 종교라기보다 체화된 교양일 것이다. 또, 그가 출생하고 성장한, 그러니까 유년기와 소년기를 보낸 고향인 시골에 대한 제재와 정서들이다.

2

거제를 제재로 한 시들은 시집 1부에 거의 집중되어 있다. 노자산, 연화도, 이수도, 지심도, 이목저수지, 손대도, 수틀뱅이섬, 도장포, 여차포구, 옥포 등 거제도 지역의 수많은 지명과 포구가 시에 등장한다. 자신의 생업 공간과 지역을 시의 제재로 가져와 시로 형상하는 작업은 시인이 삶의 현장을 그만큼 긍정하고 사랑한다는 것을 반증한다.
 더불어 그의 시가 관념이 아닌 삶의 실제 현장에서 반응하고 태어난다는 것을 알 수 있다. 아무튼 시인은 거제 이곳저곳 경관을 구경하고 관찰하며 시로 형상한다. 결국 노자산에서 동백꽃이 지는 것을 보았고, 이를 한 편의 시로 구상한다.

> 누군가가 시리도록 그립다
>
> 나를 송두리째 바치고 싶다
>
> 외로움에 검푸른 이파리를 내려놓는 날엔
>
> 핏빛 흐드러진 입만 둥둥 떠올린다
>
> 칼바람 불어오는 겨울의 한가운데를
>
> 성큼성큼 몸 하나로 떠오른 아침이면

동박새 잠시 머물고 간 노자산 언덕에

멀리 봄 오는데

하루해가 서둘러 멀어진다

- 「동백꽃」 전문

 시인의 주석에 의하면, 노자산은 경남 거제시 남부면 학동 몽돌해수욕장 뒷산 이름이다. 동백나무가 많아 동백림이 조성되어 있다고 한다. 시인은 노자산에 올랐다가 동백이 지는 모습을 보았을 것이다. 동백꽃은 꽃이 시들거나 꽃잎 한 장 한 장을 흩날리면서 떨어지지 않는다.

 동백꽃이 지는 모습을 보고, 화자는 눈앞의 사건에 자신의 감정을 이입한다. 붉은 동백꽃이 송이채 지는 모습을 보니까, 불특정의 누군가가 그립고, 그 대상에게 자신을 송두리째 바치고 싶다는 격한 감정이, 충동이 이는 것이다. 붉은 동백꽃은 검푸른 나뭇잎과 대비된다.

 붉은/검푸른 색감의 대비는 화자의 강렬한 심정을 대변한다. 눈앞에서 강렬하게 발현된 감정의 폭발이 끌고 오는 뒤의 여운은 잔잔함이다. 멀리서 봄이 오고 해가 서둘러 떨어지는 것을 통해, 감정의 폭발이 순감임을, 생명이 유한임을 암시한다. 동백꽃의 강렬한 낙화를 통해 인생의 무상성과 유한성을 적실하게 제시하고 있다.

 시「도장포 들뫼바다 횟집」에서도 붉은 동백꽃이 시를

인상 깊게 한다. "바람의 언덕 아래에는/ 바람개비를 맞이하는 횟집이 있다"며, '바람의 언덕'을 지명인 듯 아닌 듯 자연스럽게 진술한다. 또 "바람맞고 바람 쐬러/ 무작정 남으로 남쪽으로 내려와 발길이 멎은 곳/ 돌아서지 않으면 홀로 섬이 되어/ 동백같이 검붉은 각혈을 쏟을 것만 같은 곳"이라고 유장하게 표현한다.

아래 시 「어구항의 그물」은 사람의 유형을 그물에 비유한다. 사람의 크기가 그물의 크기를 달리한다.

> 그물이 그 물에서 놀듯
> 세상 사람들은 죄다 그물이다
>
> 개울이나 논 물고에서 미꾸라지를 잡는
> 반도 그물과 같은 사람이 있고
>
> 얕은 강이나 바다에
> 뜸 줄과 발 줄을 메어
> 길그물로 유도해 통그물로 사람을 잡는
> 각망 같은 그물도 있다
>
> 어떤 이는 움직이지 않게
> 깊은 곳에 그물을 쳐 놓고 고기 때 기다렸다가
> 큰 고기를 잡는 자리그물, 정치망 같은 사람도 있고
>
> ―「어구항의 그물」 부분

화자는 세상 사람을 모두 그물의 눈으로 본다. 사람은 그 그릇의 크기에 따라 여러 종류가 있는데, 좁은 개울에서 민물고기를 잡는 반도그물과 같은 사람, 강이나 바다같이 좀 넓은 곳에 사용하는 각망 같은 그물을 닮은 사람, 깊은 바다에 그물을 쳐놓고 큰 고기를 잡는 정치망 같은 사람도 있다는 것이다.

「이수도의 편지」는 거제의 형제섬 백사도 등 섬이나 지명을 활용한 편지형식의 시다. 서이말 무인 등대로 서서 "당신이 가는 작은 길이라도 밝히고 싶"다는 연시 형식의 시 「서이말 등대」, 바다를 통째로 결재하겠다는 광대한 스케일의 시 「바다를 결재하다」, 쥐섬 토끼섬 뱀섬 등을 열거한 「손대도를 아시나요」, 성적 뉘앙스를 풍기거나 상상을 자극하는 시 「내도와 외도 사이」와 「수틀뱅이섬에서」, "여차하여 돌아서/저차하여 보냈을지라도"라며 언어유희를 시적 방법으로 구사한 「여차포구」 등 거제의 섬과 포구, 사건을 시의 제재로 끌어다 주제를 적실하게 표현하고 있다. 이들 시를 통해 조양상의 거제에 대한 관심과 사랑이 얼마나 큰지 알 수 있다.

3

조양상의 시에는 불교 제재가 의외로 많이 나온다. 2부에 거의 집중이 되어있지만, 다른 부에 편집한 시에도 빈번하게 등장한다. 고등학교에 다니면서 인연이 된 천주교가 그의 종교인 것을 감안하면, 그는 불교를 종교라기보다는 오래된 전통문화나 가치로서 불교를 시에 수용하는 듯하다.

  그의 시에 수용된 사찰 이름과 불교 용어는 보덕암, 서운암, 미래사, 화엄사, 다솔사, 정취암, 은진미륵, 불영사, 기원정사, 옥천사, 선운사, 태종사, 무량사 등 전국에 산재한 사찰들이며, 세족례와 보리수나무, 풍경, 법복 등 다양한 불교 용어들을 시에 등장시켜 주제를 구현하는데 활용한다. 특히 그의 불교 제재 시 가운데 「태종사 수국」은 일품이다.

      태종대 찾아가는 길
      태종사 일주문 앞에
      누군가 자색 부케를 두고 갔다

      절벽 벼랑마저
      물들이다 빛바랜 산수국이
      하얀 쌀밥 법당에 올리는 아침

      성불은 속리산 이름처럼
      속세를 멀리하는 것이 아니라
      누군가를 위해 속절없이 피어야 한다고

      40년 전 수학여행 갔던

영도 해변 더듬던 길에
다발 꽃으로 먹먹하게 핀 수국을 본다

- 「태종사 수국」 전문

    절 앞 일주문 앞에 핀 수국을 누군가 두고 간 부케로 비유하고 있다. 새롭다. 수국은 벼랑을 물들이다 빛이 바랬으며, 빛이 바래 흰 수국은 법당 부처님에게 올리는 쌀밥으로 비유된다. 자색과 흰색의 색감 대비, 사십년 전 과거와 현재, 현재 시점에 있는 태종사 일주문 앞과 과거의 영도 해변 길, 과거와 현재를 연결하는 수국을 통해 시가 입체화되고 있다.
    시 「부처님 오신 날」도 시의 진술이 자연스럽다. 화자는 절에 가서 자연스럽게 절을 하고, 절 마당에 가득 매달아놓은 연등을 보니 바람들이 절절하다고 한다. 절밥 공양을 하고 내려오는 길은 절경이고, 발걸음도 가볍다. 바람은 불두화와 산사나무를 흔드는데, 바람이 이들에게 절 연습을 시키는 것이다.
    시 「서운암 가는 길」에서 시인은 "일주문 앞에서 서성이다/ 서운암으로 향했"는데, 암자에 핀 할미꽃과 금낭화를 보다가 "세상살이가 서운해/ 찾아온 통도사에서/ 나 때문에 피지도 못한 당신을 봅니다"라고 참회한다. 서운암과 '서운해'의 음성적 유사성을 시의 전략으로 활용하고 있다.

미륵도에서 연화도 가는 길
부표들이 출렁이며 반긴다

새우깡 맛 들인 갈매기들은
아이들 울음소리 흉내를 내고
보덕암 풍경소리 목탁소리도 정겹다

봄바람이
등산복 소매를 슬쩍 잡아당겨
고개를 돌리니

옅은 운무에 가린 깃대먼당*이
동백 매화 복사꽃 진달래 무늬
연분홍 치마를 입고 있다

　　－「연화도」 전문

 시는 제목 연화도에서부터 미륵도, 보덕암, 풍경소리, 목탁소리 등 섬 이름과 사찰 이름, 불교에 딸린 사물을 동원하여 불교적 분위기를 물신 풍기고 있다. 연화도는 연꽃 모양의 섬일 것이다. 낯선 이름인 깃대먼당은 시인의 주석에 의하면, 연화도 중앙에 있는 연화봉을 일컫는다. 일제 강점기에 지형측량을 위한 깃대를 산봉우리에 꽂아 두었던 것에서 유래되었다는 것이다.

시인은 사찰을 여행하면서 시를 쓰는데 게을리 하지 않는다. 「화엄사 흑매」는 "피아골 자욱한 물안개가/ 지리산 봄 자락을 휘감으면/ 화엄경 염불이 꽃으로 피어난다"고 하며, 시「다솔사 황금편백」에서는 "적멸보궁에 누워 편백 목침 괴고/ 낮잠 자는 노보살님 코 고는 소리도 염불이"라고 한다. 생활 일상과 염불 행위가 따로 없다는 것이다.

시「정취암 가는 길」서 시인은 "소나무에 달 등을 걸어 놓고/ 목어 깨우는 풍경소리에/ 별들도 시를 쓰는 절이니/ 주지스님 새벽 염불도 시어로 여물 수밖에" 없다며 정취암의 풍광을 상찬한다. 「기원정사 가는 길」에서는 아카시아꽃 향은 향공양, 논두렁 길 자운영이 흔들리는 것을 춤 보시, 이팝나무와 불두화는 밥 공양이다. 농수로를 흘러가는 개울물은 갈라진 논바닥에 수덕을 행하는 것이다. 불성이 가득한 시인의 마음이 시를 통해 자연스럽고 아름답게 발현된다.

4

조양상 시집 가운데 시인이 유년기와 소년기를 보낸 시골 제재와 정서들이 많이 보인다. 어려서 부모님과 형제, 그리고 이웃과 같이 보낸 고향 체험은 시인들에게는 마르지 않는 시의 수원지나 다름없을 것이다. 시집의 3부 시「찌그러진 항아리」「둠벙 푸던 날」「함초」「귀향」「오서산 억새」「하지정맥」「토정비결」 등 여러 편에 풍부한 고향서정과 절대 가난의 시절 어머니, 아버지와 형제들, 고향의 지명과 초목, 곡식들이 등장한다.

시 「둠벙 푸던 날」에서 시인은 "마르지 않던 둠벙에/ 고기가 얼마나 사는지는// 소금쟁이 장딴지와/ 쌀방개 춤으로 가름했"다며, "동무들과 둠벙 푸던 날은/ 팔뚝만한 장어 꿈도 꿈틀거렸"다고 한다. 천진한 어린 시절 둠벙을 퍼서 고기를 잡던 추억을 되새긴다. 「오서산 억새」에서는 "효자도 외삼촌이 술에 취해" 시인의 어머니로 추정되는 "막내 여동생 손 잡고 우시던 날/ 정암사 응달에 할머니 모신 아버지는/ 으악새가 더 슬피운다고 거들었다"며 슬펐던 집안 소사를 슬쩍 내비친다.

> 봉숭아가 울타리를 친
> 고향 집 장독대에서
> 어머니가 쓰셨던 항아리를 더듬어 본다
>
> 금이 가서 목에 철사를 감은 도가리
> 이빨 빠지고 깨진 단지 모습이
> 염할 때 마지막으로 본 엄마 모습 닮았다
>
> 유품으로 간직하고 싶어
> 그중 하나를 고르는데
> 한결같이 목이 찌그러진 단지이다

먼 객지에 공부시키려고 보낸 자식
그릇될까 봐 찌그러질까 봐
어머니께서 몇 푼 아끼려고 고른 항아리일 게다

- 「찌그러진 항아리」 전문

어머니의 절절한 자식 사랑을 회고하는 장성한 아들의 착한 심성이 오롯이 드러나는 시다. 항아리를 어머니, 철사 줄을 삼베 끈으로 비유하고 있다. 이빨이 빠지고 깨진 철사 줄을 감고 있는 항아리를 돌아가셔서 삼베 끈에 묶인 어머니로 치환하고 있다.

화자는 고향 집에 내려가서 이미 돌아가신 어머니가 애지중지했던 항아리를 더듬으며, 어머니를 회고하고 있다. 장독대에서 유품으로 간직할 만한 단지 하나를 고르려는데, 찌그러진 단지들뿐이다. 찌그러진 단지는 값이 싸다.

객지에 공부를 시키려고 보낸 자식을 제대로 공부시키고 싶어서 돈을 아껴야 했기 때문에 어머니는 원래부터 값이 싼 단지를 사서 사용했던 것이다. "그릇될까봐"와 "찌그러질까봐"가 찌그러진 단지와 오묘하게 말맛의 느낌을 가져다준다.

화자의 어머니는 시「함초」에서 보여주듯 "사철 갯내가 풀풀" 나던 알록달록한 몸뻬를 입고 다녔다. 어린 화자는 "별꽃 무더기가 천수만 가득/ 어리굴젓을 살찌우던" 아름

다운 유년의 밤에 어머니의 "젖무덤을 찾"았으며, 어머니는 어린 화자에게 "어부바 어부바/ 몸뻬 가득한 함초 꽃무늬를 새겨 주었다."고 추억한다.

오랜 세월이 흘러 장년에 이른 "지금도 어머니 몸뻬 얼룽무늬는/ 밤이면 함초 꽃으로 피었다 지고/ 광천 어시장 능쟁이로 게걸음"을 친다. 한편, 화자의 아버지는 장단지에 핏줄이 돋는 하지정맥을 앓고 있었다. 그래서 늘 다리가 저리다고 했다. 아버지는 아들에게 세상을 사는 지혜를 시골 일을 통해 가르친다.

> 힘세다고 미련 떨던 내게
> 지게에 바작을 얹어주며
> 늘 타이르던 말씀
>
> "미련한 놈이 짐 탐한다"
>
> ─「하지정맥」부분

화자는 인중과 가랑이에 거뭇한 털이 나기도 전부터 지게 지는 일을 했는데, 있는 힘을 다해 짐을 많이 지려는 화자에게 아버지는 위와 같이 가르친다. 지게에 짐을 지는 것을 통해 세상을 살아가는 원리를 가르친 것이다. 그럼에도 화자는 장년이 된 지금도 짐탐을 버리지 못하고 바둥거리며 살아가고 있다. 짐탐은 욕심, 즉 과욕을 비유한다.

명절을 맞아 객지에 나갔던 사람들이 차례를 지내러 고향에 돌아가는 모습을 진술한 시「귀향」은 묘사가 자연스럽다. 돌아가신 아버지와 어머니 무덤에 부어드릴 정종과 국화를 사고, 비둘기호 기차와 완행버스를 타고 가는 고향. 어려서부터 서 있던 미루나무들이 정겹게 기다리고 있다. 장독대 희멀건 동치미도 익었을 거라는 생각을 한다.

5

　시인은 '시인의 말'에서 "언제부턴가 자작나무가 좋아졌습니다."라고 고백한다. "새하얀 껍질에 거뭇거뭇한 표피가 보내지 못한 빛바랜 편지를 매달고 서 있는 나무 같"다는 것이다. "가난한 이들의 헤진 적삼이나 탁발승의 승복 같"다고 비유한다. '시인의 말'에 언급한 자작나무에 대한 생각은 시집의 표제시「자작나무 숲에 들다」와 연관된다.
　시인이 수많은 시를 쓰지만, 평생 말하는 것은 몇 가지 뿐이라고 한다. 나머지는 그 몇 가지에 대한 변주라는 것이다. 아마 그럴 것 같다. 조양상 시 제재를 일관해보면 몇 가지로 유형화가 되는데, 시인 자신이 오랫동안 생업을 해오고 있는 거제 지역의 섬과 포구 등 지명과 불교 제재들, 그리고 고향 체험을 시의 제재로 수용하여 서정화한 것들이다. 많은 분들이 조양상의 시를 읽고 거제도와 불교 제재들, 고향을 돌아보는 서정의 시간을 가져보길 기대한다.